AF110243

www.ingramcontent.com/pod-product-compliance
Lightning Source LLC
LaVergne TN
LVHW021240080526
838199LV00088B/5433
9789358721171

بگلا بھگت

(بچوں کی معلوماتی کہانی)

مصنف:
شمس الاسلام فاروقی

© Taemeer Publications LLC
Bagula Bhagat *(Kids story)*
by: Shamsul Islam Farouqi
Edition: July '2023
Publisher & Printer:
Taemeer Publications LLC (Michigan, USA / Hyderabad, India)

ISBN 978-93-5872-117-1

مصنف یا ناشر کی پیشگی اجازت کے بغیر اس کتاب کا کوئی بھی حصہ کسی بھی شکل میں بشمول ویب سائٹ پر اَپ لوڈنگ کے لیے استعمال نہ کیا جائے۔ نیز اس کتاب پر کسی بھی قسم کے تنازع کو نمٹانے کا اختیار صرف حیدرآباد (تلنگانہ) کی عدلیہ کو ہو گا۔

© تعمیر پبلی کیشنز

کتاب	:	**بگلا بھگت**
مصنف	:	**شمس الاسلام فاروقی**
صنف	:	ادب اطفال
ناشر	:	تعمیر پبلی کیشنز (حیدرآباد، انڈیا)
سالِ اشاعت	:	۲۰۲۳ء
تعداد	:	(پرنٹ آن ڈیمانڈ)
طابع	:	تعمیر پبلی کیشنز، حیدرآباد -۲۴
صفحات	:	۲۴
سرورق ڈیزائن	:	تعمیر ویب ڈیزائن

صبح کا سہانا وقت تھا۔ ٹھنڈی ٹھنڈی ہوا میں ٹہلنا بے حد خوشگوار لگ رہا تھا۔ فیصل اور راحیل اپنے بڑے بھائی شیراز کے ساتھ جمنا کی سیر کے لیے نکلے تھے۔ آج چھٹی تھی اس لیے واپسی کی جلدی نہیں تھی۔ ٹہلتے ٹہلتے یہ لوگ جمنا کے اُس حصّے کی طرف جا نکلے جہاں پانی کا پھیلاؤ زیادہ ہونے کی وجہ سے بہاؤ بہت ہلکا ہوگیا تھا۔ بعض جگہوں پر تو پانی اُتھلا بھی تھا۔ یہ لوگ کنارے پر پڑے ہوئے پتھروں پر پانی میں پاؤں لٹکا کر بیٹھ گئے۔ ابھی سورج نہیں نکلا تھا مگر آسمان کا مشرقی حصّہ سُرخ ہوچکا تھا۔ جہاں تک نظر جاتی تھی پانی ہی پانی دکھائی دیتا تھا۔ لیکن بیچ بیچ میں جہاں زمین کچھ اونچی تھی خشکی کے چھوٹے چھوٹے ٹکڑے بھی نظر آرہے تھے۔ ان چھوٹے چھوٹے ٹاپوؤں کے کناروں پر بے شمار سفید سفید بگلے نظر آرہے تھے جو اُتھلے پانی میں کھڑے تھے

یکایک فیصل نے راحیل کی طرف دیکھا تو اُسے ہنسی آگئی۔ اُس نے بھائی جان کو اشارہ کیا۔ راحیل کی گردن تھوڑی تھوڑی دیر بعد داہنے اور بائیں طرف گھوم رہی تھی۔ لگتا تھا یہ حضرت ورزش کررہے ہیں۔ انھوں نے دیکھا کہ داہنی طرف جمنا کے پشتے پر ایک سادھو مہاتما دھونی رمائے بیٹھے

ہیں۔ ان کا منہ پورب کی طرف تھا جدھر سے ابھی سورج نکلنے والا تھا۔ وہ آلتی پالتی مارے کمر اور گردن کو سیدھا کیے بیٹھے تھے۔ ہاتھ بھی بالکل تنے ہوئے تھے جنھیں انھوں نے اپنے گھٹنوں پر ٹکا رکھا تھا۔ ہتھیلیاں کھلی ہوئی تھیں مگر انگوٹھے اور بڑی انگلی کو ملا رکھا تھا۔ لگتا تھا وہ کسی خاص آسن میں بیٹھے ہیں۔ ان کی آنکھیں بند تھیں اور جسم میں کسی قسم کی حرکت نہیں تھی۔ یہاں تک کہ ہونٹ بھی نہیں ہل رہے تھے۔ شاید اس وقت وہ پوری طرح بھگوان کی طرف لو لگائے دل ہی دل میں اُس کی پوجا میں مگن تھے۔ بائیں طرف اُتھلے پانی میں ایک بگلا بالکل اکیلا کھڑا تھا۔ اس کے جسم میں بھی اس وقت بالکل حرکت نہیں تھی۔ لگتا تھا وہ کوئی زندہ بگلا نہیں بلکہ اس کی مورت ہے۔ راحیل شاید دائیں بائیں انھیں دونوں کو دیکھ رہے تھے۔

"کیوں بھئی راحیل! کیا کچھ دیکھ رہے ہو یا گردن کی ورزش ہو رہی ہے؟" شیراز نے پوچھا۔

راحیل نے پہلے سادھو مہاراج اور پھر بگلے کی طرف اشارہ کرتے ہوئے کہا:

"بھائی جان! دیکھیے اس وقت یہ دونوں ایک دوسرے سے کتنے ملتے جلتے لگ رہے ہیں۔

شاید بگلا سادھو مہاراج کی نقل کر رہا ہے یا ہو سکتا ہے وہ بھی سچ مچ پوجا ہی کر رہا ہو۔"

سب لوگ بگلے کی طرف دیکھنے لگے۔ مگر اچانک ہی بگلے میں حرکت ہوئی۔ بجلی کی سی تیزی سے اس کی گردن پانی کے اندر گئی اور دوسرے ہی لمحے جب باہر نکلی تو اُس کی چونچ میں کچھ دبا ہوا تھا۔ گردن ذرا اوپر کرکے اُس نے ایک ہلکا سا جھٹکا دیا جس کے ساتھ ہی چونچ میں دبی ہوئی چیز اُس کے منہ کے اندر غائب ہوگئی۔ اس کے بعد بگلا پھر بالکل ویسے ہی بے حرکت کھڑا ہوگیا جیسے ابھی کچھ ہوا ہی نہ ہو۔

راحیل نے بھائی جان کی طرف دیکھا۔ شاید وہ جاننا چاہتے تھے کہ یہ کیا ہوا؟ شیراز نے سمجھایا:

"یہ بگلا شکار کی تلاش میں کھڑا تھا۔ ساکت اس لیے تھا کہ کہیں اس کا شکار چونک کر بھاگ نہ جائے۔ کوئی بے چاری مچھلی اس کے پاس سے گزری ہوگی۔ اُس نے جھپاک سے اُسے چونچ میں دبالیا اور پھر ایک ہی جھٹکے میں حلق سے نیچے اتار گیا۔ اب وہ پھر ویسا ہی شریف بنا کھڑا ہے تاکہ کسی دوسری مچھلی کی بھول سے فائدہ اٹھا سکے۔"

"اوہو! تو یہ حضرت اس لیے بگلا بھگت کہلاتے ہیں۔ صورت سے تو واقعی بھگت لگتے ہیں۔ مگر نیت کے ذرا خراب ہیں۔"

راحیل نے کہا:

"بالکل! بگلے کی اسی حرکت کی وجہ سے ہم ہر اُس آدمی کو بھی بگلا بھگت کہہ دیتے ہیں جو جو صورت سے تو سیدھا سادا لگتا ہو لیکن ہو بہت چالاک اور دھوکے باز۔ مطلب یہ کہ موقع ملتے ہی چپ چاپ اپنا کام کر جائے اور لوگ اس کی شرافت ہی کے گُن گاتے رہیں۔" شیراز نے بتایا۔

فیصل نے ہنستے ہوئے راحیل کی طرف اشارہ کیا تو وہ چڑ کر بولے:

"بھلا میں کیوں ہونے لگا، آپ خود ہوں گے بگلا بھگت۔"

"لڑو نہیں۔ تم دونوں تو بہت سیدھے اور نیک ہو۔ تمھیں بھلا کون یہ نام دے سکتا ہے۔"
شیراز نے کہا۔
فیصل بولے :
"پھر بھلا کون ہو سکتا ہے بگلا بھگت ؟ گھر میں تو ہمارے ابّو، امّی ہیں اور پیاری پیاری دادی۔ پھر بھلا کیا ہم اپنی پوسی کو بگلا بھگت کہیں گے ؟"
"ہاں پوسی کو بھی کہہ سکتے ہیں۔ اس کی صورت دیکھ کر کون کہہ سکتا ہے کہ وہ اتنی بے دردی سے معصوم چڑیوں کا شکار کر سکتی ہے۔ ویسے اس وقت میں تمھاری پوسی کی بات بھی نہیں کر رہا ہوں۔"
"پھر بھلا اور کون بگلا بھگت ہوگا اپنے گھر میں ؟ دونوں نے تعجب سے کہا۔
"ہے ایک چھوٹا سا منّا سا۔ کل ہی میں نے گھر کے صحن میں اُسے دیکھا تھا۔ تم بھی دیکھو گے تو حیران رہ جاؤ گے اور سوچو گے کہ یہ بگلا بھگت بھی کہاں کہاں ملتے ہیں۔"
شیراز نے دیکھا کہ دونوں یہ جاننے کے لیے بے چین ہو رہے ہیں کہ اپنے گھر میں وہ بگلا بھگت کون ہے جسے انھوں نے نہیں دیکھا۔ ساتھ ہی وہ یہ بھی جانتے تھے کہ بھائی جان اب گھر پہنچنے سے پہلے کچھ نہیں بتائیں گے۔ اب انھیں گھر جانے کی جلدی تھی۔ سورج کی گول گول تھالی بھی تیزی سے اوپر آکر سُرخ سے سنہری ہونے لگی تھی، چنانچہ یہی فیصلہ ہوا کہ اب واپس چلا جائے۔ فیصل اور راحیل ذرا زیادہ تیز چل رہے تھے تاکہ جلدی گھر پہنچ جائیں اور اس بگلا بھگت والی پہیلی کا راز کھُلے۔ گھر پہنچتے ہی دونوں بولے :
"بھائی جان اب بتائیے وہ بگلا بھگت کہاں ہے۔"
شیراز دونوں کی بے چینی دیکھ کر لطف لے رہے تھے۔ انھوں نے کہا :
"بھئی اتنے بے صبرے کیوں ہوتے ہو۔ ابھی تو بگلا بھگت جاگے بھی نہ ہوں گے۔ سورج

ذرا اوپر آئے گا تب ہی ان کی آنکھ کھُلے گی۔ تم ایسا کرو پہلے ناشتہ کرلو اس کے بعد تمھیں بگلا بھگت سے ملوائیں گے۔"

دونوں جانتے تھے کہ بھائی جان کو انتظار کرانے میں بڑا مزا آتا ہے۔ وہ کہتے ہیں جب انتظار کے بعد کوئی چیز ملتی ہے تو اس کی بڑی قدر کی جاتی ہے اور اسے بہت سنبھال کے رکھا جاتا ہے۔ شیراز جانتے تھے کہ اتنا شوق دلانے کے بعد جب اِن دونوں کو بگلا بھگت کے بارے میں بتایا جائے گا تو وہ اُسے نہ صرف یاد رکھیں گے بلکہ ہوسکتا ہے اور زیادہ جاننے کی کوشش کریں۔

سب لوگ ناشتہ کرنے لگے۔ فیصل اور راحیل یہاں بھی جلدی دکھا رہے تھے۔ ناشتے کے بعد شیراز باہر برآمدے میں نکل آئے۔ برآمدے کی سیڑھیوں سے لگا ایک بڑا سا گملا رکھا تھا جس میں شیراز نے دو سال پہلے لیک لیموں کا پودا لگایا تھا۔ اس میں پہلی بار پھول آئے تھے جن کی خوشبو بڑی بھلی لگتی تھی۔ انھوں نے اس کے پاس ہی کرسی کھینچ لی اور بیٹھ گئے۔ فیصل اور راحیل ان کے پاس کھڑے تھے اور حیران ہو رہے تھے کہ دیکھیں بھائی جان کس بگلا بھگت سے ملاقات کراتے ہیں۔

وہ ابھی یہ سوچ ہی رہے تھے کہ شیراز نے ایک چھوٹی سی شاخ کی طرف اشارہ کرتے ہوئے کہا:

"دیکھو وہ اُدھر اوپر سے تیسرے پتّے پر بگلا بھگت بیٹھے ہیں۔"

دونوں نے حیران ہو کر اُدھر دیکھا۔ ارے یہ کیا! یہ تو ایک ہرے رنگ کا لمبا لمبا ساٹڈے جیسا کیڑا تھا۔ وہ بولے:

"یہ تو ٹڈا ہے۔"

"ذرا غور سے دیکھو اسے پریئنگ مینٹڈ (Praying Mantid) کہتے ہیں۔ یہ ٹڈا تو نہیں ہے مگر ہے انھیں کا رشتہ دار۔"

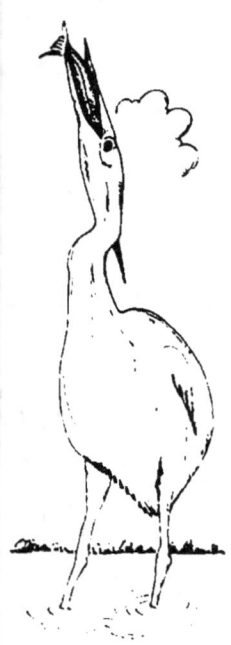

"چلیے پریئنگ مینٹڈ ہی سہی۔ مگر یہ بگلا بھگت کس طرح ہوگیا" راحیل نے پوچھا۔

"تم لوگ تھوڑی سی دیر یہاں خاموشی سے بیٹھ جاؤ اور دیکھو کہ یہ کیا کرتا ہے۔ یہ بات خود بخود تمھاری سمجھ میں آجائے گی کہ اسے بگلا بھگت کیوں کہا جاتا ہے" شیراز نے سمجھایا۔

دونوں ٹکٹکی باندھ کر اُسے دیکھنے لگے۔ تھوڑی دیر بعد راحیل بولے :

"بھائی جان ! یہ تو ہلتا ہی نہیں۔ بالکل اسٹیچو بنا بیٹھا ہے" فیصل نے اپنا ہاتھ بڑھا کر اُسے چھونا چاہا تو وہ بڑے شاہانہ انداز سے بہت آہستہ سے بس ایک طرف کھسک گیا۔

"بہت خوب ! یہ تو خاصا نڈر لگتا ہے۔ مگر یہ کیا ؟ یہ اپنا سر کس طرح گھما رہا ہے" فیصل نے اُسے دیکھتے ہوئے تعجب سے کہا۔

"اس کی گردن بہت لچکیلی ہوتی ہے جس کی وجہ سے وہ اپنے سر کو بالکل انسانوں کی طرح دائیں بائیں گھما سکتا ہے۔ پریئنگ مینٹڈ کی یہ ایک ایسی خوبی ہے جو کسی دوسرے کیڑے میں نہیں ملتی" شیراز نے سمجھایا۔

راحیل بہت غور سے پریئنگ مینٹڈ کو دیکھ رہے تھے وہ بولے :

"اس نے اپنے اگلے پیر اوپر کیوں اٹھا رکھے ہیں ؟"

"یہی تو ان حضرت کی وہ خاص ادا ہے جس کی وجہ سے یہ پریئنگ مینٹڈ کہلاتے ہیں۔ پریئنگ انگریزی میں عبادت کرنے کو کہتے ہیں اور مینٹڈ کے معنی ہیں عبادت کرنے والا یا پھر قسمت کا حال

بتانے والا۔ ذرا غور سے دیکھو اس نے نہ صرف اپنے اگلے پیر اوپر اٹھا رکھے ہیں بلکہ انھیں آگے سے موڑ بھی رکھا ہے۔ لگتا ہے ہاتھ جوڑ کر نمستے کر رہا ہے" شیراز نے بتایا۔

راحیل نے ذرا حیرانی سے پوچھا:

"کیا یہ سچ مُچ قسمت کا حال بتا دیتا ہے؟"

"ہاں ایک زمانہ تھا جب انگریز لوگ ایسا ہی سوچتے تھے، بلکہ بعض پرانے لوگ تو یہ بھی کہتے تھے کہ اس کی کھُلی ہوئی انگلی دیکھ کر کسی کھوئے ہوئے بچّے کو ڈھونڈا جا سکتا تھا۔ وہ کہتے تھے کہ پرینگ مینٹڈ اپنی انگلی سے جس طرف اشارہ کرے سمجھنا چاہیے کہ بچّہ اُدھر ہی گیا ہے۔ فرانس کی عورتیں تو اُسے چوراہے پر لے جاتی تھیں اور پوچھتی تھیں کہ بتاؤ میرا دولہا کس راستے سے آنے والا ہے۔ جس طرف وہ اپنی انگلی اٹھا دے وہ سمجھتی تھیں کہ وہ اُدھر ہی سے آئے گا۔

شیراز سنا رہے تھے اور دونوں بھائی حیرت سے آنکھیں پھاڑے انھیں دیکھ رہے تھے۔ انھوں نے آگے بتایا:

"افریقہ کے بعض حصّوں میں تو ان مہاراج کو پرماتما تک سمجھا جاتا تھا۔ ترکی کے لوگ سمجھتے تھے پرینگ مینٹڈ ان کی طرح عبادت کرتا ہے۔ نیگروز ایک طرف تو یہ سمجھتے تھے کہ یہ کیڑے فرشتوں کے بارے میں جانتے ہیں لیکن دوسری طرف ان کا خیال تھا کہ ان کیڑوں کا تھوک اُن کے پالتو جانوروں کی موت کا سبب بھی ہوتا ہے۔ سچ چاہے کچھ ہو لیکن یہ حقیقت ہے کہ لوگوں نے پرینگ مینٹڈ کو ہمیشہ پُر اسرار اور حیران کُن طاقتوں کا مالک ہی سمجھا ہے"

"مگر یہ تو بتائیے کہ آخر سچ کیا ہے"؟ راحیل نے جاننا چاہا۔

"تم بس اسے دیکھتے جاؤ۔ سچ خود تمھارے سامنے آجائے گا"

وہ دونوں شیراز کی باتیں سننے میں ایسے مگن ہوئے کہ پرینگ مینٹڈ کی طرف سے دھیان

ہٹ گیا۔ لیکن اب جب دوبارہ دیکھا تو حیران رہ گئے کہ وہ ابھی تک اسٹیچو بنا ہوا تھا۔ اس نے اپنے پچھلے چاروں پیر پتے پر ٹکا رکھے تھے لیکن اگلے دو پیر اوپر اُٹھے ہوئے تھے۔ سر اور پیٹ کے بیچ میں سینے کا حصّہ بے حد لمبا تھا لیکن اُسے بھی پریئنگ مینٹڈ نے اوپر اُٹھا رکھا تھا۔ اب تو اُس کی گردن بھی نہیں ہل رہی تھی لیکن بڑی بڑی آنکھوں کی چمک بتا رہی تھی کہ وہ بے حد چوکنا بیٹھا ہے۔ سب لوگ خاموشی سے اسے دیکھتے رہے۔

ذرا دیر بعد ایک موٹا تازہ ٹڈّا کہیں سے آیا اور پریئنگ مینٹڈ کے پاس والی پتی پر بیٹھ گیا۔ پریئنگ مینٹڈ نے جیسے ہی اُسے دیکھا اُس کے جسم میں ہلکی سی حرکت ہوئی اور وہ آہستہ آہستہ اُس کی طرف بڑھا، جیسے بلّی اپنے شکار کی طرف بڑھتی ہے۔ ٹڈّے سے ذرا دور ہی وہ ایک بار پھر رُک گیا اور ایک بار پھر اسٹیچو بن گیا۔ معلوم نہیں وہ کوئی منتر پڑھ رہا تھا یا ٹڈّے پر کوئی جادو کر رہا تھا کیونکہ اب وہ غریب ٹڈّا بھی جہاں تھا بس وہیں جم کر رہ گیا تھا۔ پریئنگ مینٹڈ کے جادو نے اس کے پچھلے دونوں پیر شاید بیکار کردیے تھے ورنہ وہ تو اتنے مضبوط تھے کہ ٹڈّا اُس کی مدد سے ایک ہی چھلانگ میں کہیں سے کہیں جا سکتا تھا۔ اچانک پریئنگ مینٹڈ کے اُٹھے ہوئے دونوں پیروں میں

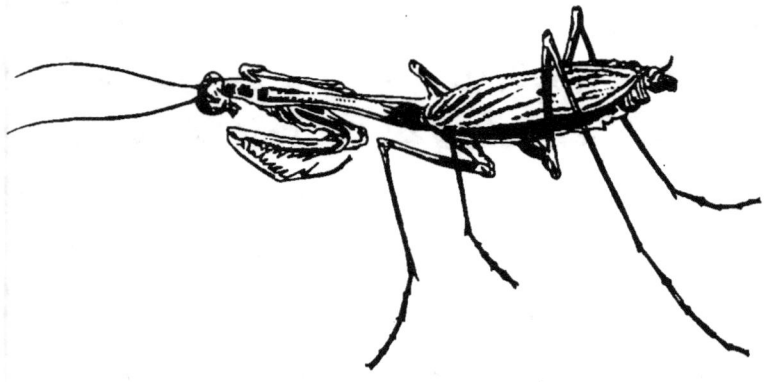

سے ایک کے اگلے جوڑ کھُلے اور بجلی کی سی تیزی سے، پلک جھپکتے ٹڈے کو دبائے واپس آگئے راحیل اور فیصل نے دیکھا کہ اس کے اگلے پیروں میں اندر کی طرف نوکیلے کانٹے سے تھے۔ جب پریئنگ مینٹڈ نے ٹڈے کو اگلے حصّوں کے درمیان دبایا تو وہ بےچارہ اُن کانٹوں میں الجھ گیا۔ بہت تڑپا لیکن اب ان سے بچ نکلنا ممکن نہ تھا۔ پریئنگ مینٹڈ نے اپنے دوسرے پیر کا استعمال بھی شروع کردیا اور پھر دیکھتے ہی دیکھتے اُس کے منہ نے چیر پھاڑ شروع کردی اور ذرا سی دیر میں ٹڈے کے جسم کے نرم حصّے اُس کے پیٹ میں پہنچ چکے تھے۔ اِس کے بعد وہ ایک بار پھر پہلے ہی کی طرح خاموش، اسٹیچو بن کر کھڑا ہوگیا۔ اب اسے دیکھ کر کون کہہ سکتا تھا کہ ابھی چند سیکنڈ پہلے اس نے بڑی بے دردی سے ایک اچھے بڑے ٹڈے کو پھاڑ کھایا تھا۔ راحیل اور فیصل سوچ بھی نہیں سکتے تھے کہ صورت سے ایسا بھولا بھالا دکھائی دینے والا اتنا ظالم بھی ہوسکتا ہے۔

ٹڈا کھانے کے بعد پریئنگ مینٹڈ کا پیٹ پھول گیا تھا اور لگتا تھا کہ اب شاید وہ آرام کرے گا۔ لیکن راحیل اور فیصل یہ دیکھ کر حیران تھے کہ تھوڑی ہی دیر بعد اس نے ایک مکھی پر حملہ کردیا اور جلد ہی اُسے بھی چٹ کرگیا۔ یہ دیکھ کر فیصل نے پوچھا:

" بھائی جان یہ تو بہت پیٹو لگتا ہے۔ دن بھر میں تو یہ بہتیرے کیڑے کھا جاتا ہوگا۔"

" واقعی اس کی بھوک تو بڑی عجیب ہوتی ہے۔ لگتا ہے کبھی ختم ہی نہ ہوگی۔ ایک بار ایک سائنس داں دوپہر سے شام تک ایک پریئنگ مینٹڈ کو دیکھتا رہا اور وہ یہ دیکھ کر حیران رہ گیا کہ اس

عرصے میں اُس نے تین ٹڈے ،ایک لمبی ٹانگوں والا بڑی نسل کا مچھر اور ایک عدد چھوٹا پریئنگ مینٹڈ کھالیا تھا۔

"بھائی جان ! کیا یہ اپنے بھائی بندوں کو بھی کھا لیتا ہے" راحیل نے پوچھا۔

"پریئنگ مینٹڈ شکار خور کیڑا ہے اور اس کی بھوک اتنی سخت ہوتی ہے کہ وہ کسی بھی کیڑے کا شکار کرلیتا ہے۔ یہاں تک کہ اپنے بچّوں کو بھی نہیں چھوڑتا۔ اس سے بھی زیادہ حیرت کی بات یہ ہے کہ مادہ پریئنگ مینٹڈ شادی کے تھوڑی دیر بعد ہی اپنے دولھا تک کو کھا جاتی ہے" شیراز نے بتایا۔

راحیل کو جھرجھری آگئی۔ یہ بات سُننے کے بعد تو وہ چھوٹا سا کیڑا بھی انھیں خوفناک نظر آنے لگا تھا۔ انھوں نے کہا:

"بھائی جان پھر تو اس ظالم سے بچ کر رہنا چاہیے۔ کیا پتہ موقع ملنے پر ہماری ہی بوٹی نوچ

لے جائے۔ ایسے خطرناک کیڑوں کو تو مار دینا چاہیے۔"

"پریئنگ مینٹڈ صرف کیڑوں ہی کے لیے ظالم ہے۔ پھر اس کا یہ ظُلم ہمارے لیے کچھ بُرا بھی نہیں ہے۔ اب دیکھو نا! یہ ٹڈے ہمارے پودوں کو کھا کھا کر کتنا نقصان کرتے ہیں مگر پریئنگ مینٹڈ اِنھیں کھا جاتا ہے اور اس طرح ہمارے پودوں کی حفاظت ہو جاتی ہے۔ دوسرے اور بہت سے نقصان دہ کیڑوں کو کھا کر بھی یہ ہمیں بہت فائدہ پہنچاتا ہے اور اسی لیے اسے مارنا ٹھیک نہیں ہے۔

"واقعی عجیب بات ہے۔ ظالم بھی اتنے کام کا ہو سکتا ہے ہم نے کبھی سوچا بھی نہیں:

فیصل بولے۔ راحیل نے مشورہ دیا:

"تب تو ان کیڑوں کو پالنا چاہیے۔"

"ہاں بھئی یہ بات بھی ممکن ہے۔ سائنس دانوں نے معلوم کیا ہے کہ پریئنگ مینٹڈ انسانوں سے بہت جلد گھُل مِل جاتا ہے۔ اسے ریشم کے دھاگے سے باندھ کر رکھتے ہیں اور جلدی ہی وہ آدمی کے ہاتھ سے کھانا لینے کا عادی ہو جاتا ہے۔ سوتے وقت اسے اپنے پاس رکھو تو مکھی اور مچھروں سے حفاظت بھی ہو جاتی ہے۔"

راحیل نے دیکھا تو وہ بگلا بھگت اب اپنے پیروں کو پھیلانے کی کوشش کر رہا تھا۔ اس کے پَر بالکل ٹڈے جیسے تھے۔ اگلے پَر لمبے، پتلے اور سخت لیکن پچھلے پَر بڑے، جھلّی جیسے اور جاپانی پنکھے کی طرح تہہ ہونے والے۔ اُس نے پَر پھیلا کر ایک جست بھری اور دیکھتے ہی دیکھتے گھر سے باہر چلا گیا۔ یہ دیکھ کر فیصل بولے:

"بھائی جان یہ تو اُڑ گیا۔ کیا اب یہ دوبارہ پھر یہاں آجائے گا؟"

"کہہ نہیں سکتے۔ آ بھی سکتا ہے اور نہیں بھی۔ ہو سکتا ہے کہیں اِدھر چلا جائے۔"

"لیکن آپ تو کہہ رہے تھے کہ آپ بگلا بھگت کو کئی دن سے یہیں دیکھ رہے تھے۔ پھر بھلا یہ یہاں سے کیوں چلا گیا؟"

"بھئی بات یہ ہے کہ یہ حضرت یہیں کہیں پیدا ہوئے ہوں گے۔ شروع میں ان کے پَر نہیں تھے اس لیے یہ یہیں ایک پودے پر ٹہلا کرتے تھے۔ پورے پَر نکلنے میں بہت دن لگ جاتے ہیں۔ میں نے جب کئی روز پہلے دیکھا تھا تو پَر پورے نہیں بنے تھے۔ اب کیونکہ پورے پَر نکل آئے ہیں اس لیے یہ اپنی مرضی کے مالک ہوگئے ہیں۔ ان کا دل چاہے گا تو لوٹ آئیں گے ورنہ پھر کوئی نئی شکارگاہ تلاش کرلیں گے۔" شیراز نے بتایا۔

"بھائی جان کیا آپ نے کبھی پریئنگ مینٹڈ کے انڈے دیکھے ہیں؟" راحیل نے پوچھا۔

"میں نے انڈے بھی دیکھے ہیں اور بچّے بھی۔ انڈے ایک خول کے اندر گچھوں میں ہوتے ہیں جو مادہ مینٹڈ کسی پتے، ٹہنی یا شاخ پر چپکا دیتی ہے۔ انڈوں کا خول تقریباً انگوٹھے جتنا بڑا ہوتا ہے جس میں تلے اوپر بہت سے خانے ہوتے ہیں جن میں انڈے قطارے سجائے جاتے ہیں۔ مادہ مینٹڈ کے جسم میں خاص قسم کے غدود ہوتے ہیں جن سے جھاگ جیسا مادہ نکلتا ہے جو بعد میں ہوا

لگنے سے سخت ہو جاتا ہے۔ انڈوں کے دشمن جانور اُسے آسانی سے نہیں توڑ سکتے۔ مادہ مینٹڈ خول کے بعض حصّوں کو جان بوجھ کر پتلا اور کمزور بناتی ہے تاکہ وہاں سے بچے آسانی سے باہر آسکیں۔"

"بچے اپنی ماں جیسے ہی ہوتے ہیں یا پھر تتلی کے لاروں کی طرح لمبے لمبے گِنڈار جیسے؟" فیصل نے جاننا چاہا۔

"پریئنگ مینٹڈ کے بچّے ہوبہو اپنے ماں باپ جیسے ہی ہوتے ہیں۔ فرق صرف یہ ہوتا ہے کہ وہ بے حد چھوٹے چھوٹے ہوتے ہیں اور ان کے پَر نہیں ہوتے۔ دوسرے کیڑوں کی طرح یہ بھی کھا کھا کر بڑے ہوتے ہیں اور تھوڑے تھوڑے دن بعد اپنی پرانی کھال اُتارتے جاتے ہیں۔ ہر بار ان کا قد پہلے سے بڑا ہو جاتا ہے۔ سائنس داں کہتے ہیں کہ پریئنگ مینٹڈ کی مختلف قسموں میں تین سے بارہ بار کینچلی بدلی جاتی ہے اور اس کام میں تقریبًا ایک سال لگ جاتا ہے۔ اب ذرا سوچو اپنا پیٹ بھرنے میں یہ بگلا بھگت سال بھر میں کتنے کیڑوں سے ہمیں نجات دلا دیتے ہوں گے" شیراز نے سمجھایا۔

پریئنگ مینٹڈ کی دلچسپ باتیں سُن کر فیصل اور راحیل کو بہت لطف آرہا تھا۔ اس کارآمد کیڑے کے بارے میں سوچتے ہوئے فیصل نے سوال کیا:

"بھائی جان! کیا مینٹڈ جیسے اور بھی کیڑے ہوتے ہیں؟"

"ہاں بھئی ضرور ہوتے ہیں۔ شکار خور کیڑوں کی تو بے شمار قسمیں ہیں۔ وہ بالکل مینٹڈ ہی کی طرح دوسرے کیڑوں پر اپنی گزر بسر کرتے ہیں۔ اور سچ تو یہ ہے کہ اگر یہ کیڑے نہ ہوتے تو نقصان دہ کیڑے ہماری فصلوں، اناج، پھلوں اور ترکاریوں کا اتنا نقصان کرتے کہ شاید ہمارے لیے کچھ نہ بچتا اور اس طرح ہمارا زندہ رہنا ہی مشکل ہو جاتا۔

"تب تو ان کے بارے میں بھی ہمیں کچھ اور بتائیے۔ کیا وہ بھی مینٹڈ کی طرح ہمارے آس پاس ہی دیکھے جاسکتے ہیں؟" راحیل نے پوری دلچسپی لیتے ہوئے پوچھا۔

شیراز نے جب ان کی دلچسپی دیکھی تو بولے :

"راحیل تم نے بھنبھیری تو ضرور دیکھی ہوگی ؟"

" بھائی جان ! وہی نا جو بالکل ہیلی کاپٹر کی طرح اُڑتی ہے ۔"

" ہاں ہاں بالکل وہی ۔ تم نے ٹھیک سمجھا ۔"

" اُسے تو میں نے بھی دیکھا ہے بلکہ پکڑا بھی ہے ۔ اس کے چار پَر ہوتے ہیں بےحد باریک ، ایسے کہ آر پار دیکھ لو ۔" فیصل نے بھی بتایا ۔

" یہ بھنبھیری بھی مینڈھ ہی کی طرح شکار خور ہے ۔ یہ بہت تیز اڑتی ہے ۔ سائنس والوں کا خیال ہے کہ یہ ساٹھ میل فی گھنٹہ کی رفتار سے اُڑ سکتی ہے ۔ اس کی آنکھیں بڑی بڑی اور چمکدار ہوتی ہیں ، جن کی مدد سے وہ چاروں طرف دیکھ سکتی ہے ۔ یہ اڑنے کے دوران ہی شکار کو اپنے پیروں میں دبوچ لیتی ہے اور پھر دیکھتے ہی دیکھتے اُسے چٹ کر جاتی ہے ۔ کئی قسم کی مکھیاں ، مچھر اور بھونرے اسس من بھاتا کھاجا ہیں ۔ بھنبھیریوں کی چھوٹی بڑی ہزاروں قسمیں ہوتی ہیں جنھیں ان کے پروں اور جسم کی بناوٹ اور رنگوں سے پہچانا جاتا ہے ۔ بعض کے رنگ تو اتنے خوبصورت ہوتے ہیں کہ جی چاہتا ہے کہ بس دیکھتے ہی رہیے ۔ ہمارے آس پاس جو بھنبھیریاں نظر آتی ہیں اُن کا رنگ پیلا ہوتا ہے ۔" شیراز نے بتایا ۔

" بھائی جان ہم نے جب بھی اُنھیں دیکھا جمنا کے کنارے ہی دیکھا ہے یا کبھی کبھی اس پہاڑی علاقے میں جس کے بیچ میں ایک بڑا سا تالاب ہے ۔ اس کی کیا وجہ ہے ؟ " ہم نے تتلیوں کی طرح انھیں پھولوں پر منڈلاتے تو شاید ہی کبھی دیکھا ہو ۔" فیصل نے سوال کیا ۔

"تمہارا انداز بالکل صحیح ہے۔ مگر تم اپنے سوال کا جواب سن کر حیران رہ جاؤ گے۔ بھمبیریوں کے نہر یا تالاب کے آس پاس نظر آنے کی وجہ یہ ہے کہ ان کا بچپن پانی کے اندر ہی گزرتا ہے یہ شیراز نے بتایا۔

"کیا واقعی! یہ تو سچ مچ بہت عجیب بات بتائی آپ نے" فیصل نے حیرت سے کہا۔

"اصل میں ہوتا یہ ہے کہ بھمبیریاں دریا یا نہر کے کنارے انڈے دیتی ہیں۔ بعض تو اپنے انڈے کو پانی پر ہی چھوڑ دیتی ہیں جو بعد میں نیچے بیٹھ جاتے ہیں۔ کچھ بھمبیریاں نہر یا تالاب کے کناروں پر اگے ہوئے پودوں پر بھی انڈے دے دیتی ہیں۔ ان کی مادہ اپنی دھار دار دُم سے کسی شاخ پر ایک ہلکا سا شگاف بناتی ہے اور پھر اس میں انڈے چھپا دیتی ہے۔ کچھ دن بعد انڈوں سے ننھے ننھے گڈڈاڈل جیسے بچے نکل آتے ہیں۔ وہ اپنے ماں باپ سے بہت مختلف ہوتے ہیں۔ جسم چپٹا اور لمبوترا ہوتا ہے۔

جو پیچھے کی طرف دم کی طرح پتلا ہوتا جاتا ہے۔ دم تین شاخوں والی ہوتی ہے۔ یہ شاخیں دراصل ان کے گلپھڑے ہوتے ہیں جن کی مدد سے وہ پانی میں مچھلیوں کی طرح سانس لیتے ہیں۔ یہ بچّے لاروے کہلاتے ہیں اور ان سے پوری بھنبھیری بننے میں تقریباً ایک سال لگ جاتا ہے۔ پانی میں پیدا ہونے والے کئی قسم کے کیڑوں سے یہ لاروے اپنا پیٹ بھرتے ہیں۔ مچھروں کے لاروے انھیں زیادہ پسند ہیں۔ مگر اپنی شکار کی عادت سے یہ بھی بگلا بھگت سے کم نہیں ہوتے۔"

"وہ کیسے؟" دونوں نے تعجب سے پوچھا۔

"یہ لاروے نہر یا تالاب کی تہہ میں کیچڑ میں لت پت خاموش پڑے رہتے ہیں لیکن جیسے ہی کوئی شکار ان کے پاس سے گزرتا ہے یہ اپنی لمبی سی زبان باہر نکالتے ہیں اور اُسے اس میں لپیٹ کر منہ میں لے جاتے ہیں۔ کچھ بھنبھیریوں کے لاروے تالاب کے کنارے پڑے پتھروں

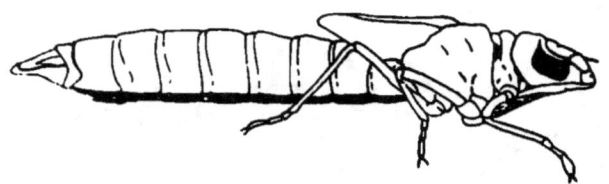

یا پودوں کے بیچ میں چھُپ جاتے ہیں، اس طرح انھیں شکار کرنے میں زیادہ آسانی ہوجاتی ہے۔ بعض لاروے تو گرگٹ کی طرح اپنا رنگ بھی بدل سکتے ہیں اور اس طرح وہ نہ صرف اپنے دشمنوں سے بچاؤ کرلیتے ہیں بلکہ ان کا شکار بھی ان سے دھوکا کھا جاتا ہے۔" شیراز نے بتایا۔

"بھائی جان آپ تو سچ مچ اتنی دلچسپ باتیں بتارہے ہیں کہ جی چاہتا ہے سنتے ہی جاؤ۔" راحیل بولے۔

"اور میرا دل چاہ رہا ہے کہ جمنا کے کنارے جاکر ان عجیب و غریب لاروؤں کو تلاش کروں۔"

فیصل نے اپنے دل کی بات بتائی۔

شیراز نے اپنے بھائیوں کا شوق دیکھا تو بات آگے بڑھائی:

"بات یہ ہے کہ اللہ میاں نے یہ دنیا بڑی رنگ برنگی بنائی ہے۔ اس میں طرح طرح کے پیڑ پودے اور جانور ہیں اور اگر غور سے دیکھو تو پتہ چلے گا کہ ہر ایک کا کسی دوسرے سے کچھ نہ کچھ تعلق ضرور ہے۔ اس نے ایک طرف تو تمام جانوروں کو اپنی نسلیں بڑھانے کی خوبیاں دی ہیں لیکن ساتھ ہی ان پر روک بھی لگادی ہے تاکہ وہ بے حساب نہ بڑھ جائیں اور دوسروں کی زندگی اجیرن نہ کرڈالیں۔"

شیراز نے ذرا رُک کر پھر کہا:

"تم دونوں نے وہ ننھے ننھے بھنگے تو ضرور ہی دیکھے ہوں گے جو سرسوں، مولی، پالک اور شلجم کے پتوں پر پیدا ہو جاتے ہیں؟"

"بھائی جان وہی نا جنھیں کسان لوگ چیپا کہتے ہیں۔" فیصل نے سمجھتے ہوئے جواب دیا۔

"ہاں صاحب۔ وہی۔ ان ننھے کیڑوں کو قدرت نے بہت کم وقت میں اپنی تعداد کو بے تحاشہ بڑھانے کی خوبی دی ہے۔ اگر ان پر کوئی قدرتی روک نہ ہو تو یہ کچھ دن میں ہی پوری فصل پر چھا جائیں اور اُسے ختم کرڈالیں، مگر ایسا نہیں ہوتا۔"

"کیوں کیا ان کے لیے بھی کوئی مینٹڈ جیسا کیڑا موجود ہے۔" راحیل نے پوچھا۔

"اِن بھنگوں کی تعداد کم کرنے کے لیے یوں تو کئی قسم کے شکار خور کیڑے ہیں مگر میں تمھیں صرف ایک کے بارے میں بتاتا ہوں جو ان کے لیے ایک آفت سے کم نہیں ہے۔"

"ضرور بتائیے۔ ہوسکتا ہے انھیں ہم نے بھی کہیں دیکھا ہو۔" فیصل نے کہا۔

"تم نے اِس کیڑے کو ضرور دیکھا ہوگا۔ انگریزی زبان میں اسے لیڈی برڈ بیٹل کہتے ہیں۔

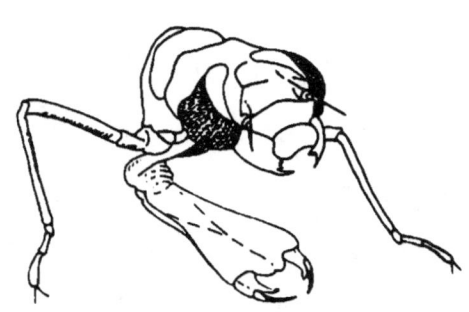

ہیں۔ یہ ایک بٹن جیسا بہت ہی خوبصورت کیڑا ہے جس کا رنگ پیلا ہوتا ہے اور اس پر چھ کالے رنگ کے دھبے پڑے ہوتے ہیں۔ اس کے بچے گنڈار جیسے ہوتے ہیں۔ لیڈی برڈ تو اُڑ سکتا ہے لیکن اس کے لاروؤں کے پر نہیں ہوتے وہ اپنے چھوٹے چھوٹے پیروں کی مدد سے ایک ٹہنی سے دوسری ٹہنی پر رینگتے پھرتے ہیں۔ مگر ماں باپ اور بچے سب ہی شکار خور ہوتے ہیں۔ یہ اس قدر پیٹو ہوتے ہیں کہ ہر وقت کھاتے رہتے ہیں اور پھر بھی ان کی بھوک ختم نہیں ہوتی۔"

فیصل بہت غور سے اس کیڑے کے بارے میں سُن رہے تھے اور سوچ رہے تھے کہ انھوں نے اسے کہاں دیکھا ہے۔ تھوڑی ہی دیر میں انھیں یاد آگیا:

"بھائی جان شاید یہ وہی کیڑے ہیں جن کے نام سے انگریزی کی کچھ کتابیں بھی چھپتی ہیں یہ

"واہ، تمھیں ٹھیک یاد آیا — لیڈی برڈ کی کتابیں تو واقعی بہت مشہور ہیں۔ ہر کتاب میں لیڈی برڈ کی تصویر بھی ہوتی ہے۔ اس کیڑے کی ایک بات تو بالکل مینٹڈ سے ملتی جلتی ہے۔

"وہ کیا؟" دونوں نے پوچھا۔

"لیڈی برڈ کے بارے میں بھی مینٹڈ کی طرح یوروپی ملکوں میں یہ بات مشہور ہے کہ وہ لڑکیوں کو ان کے دولہا کے شہر کی سمت بتاتی ہیں۔ لڑکیاں اُسے اپنی ہتھیلی پر رکھ کر اڑاتی تھیں۔ وہ جس سمت اُڑے وہ سمجھتی تھیں اُن کا دولہا اُدھر ہی سے آئے گا۔"

شیراز یہ کہہ کر اُٹھتے ہوئے بولے:

"بس بھئی اب پھر کبھی! اس وقت تو مجھے بہت ضروری کام سے کہیں جانا ہے۔"

پریئنگ مینٹڈ، بھمبھیری اور لیڈی برڈ کی باتیں فیصل اور راحیل کو بہت دلچسپ لگیں۔ یہ تو بھائی جان نے چند مثالیں دی تھیں۔ ان جیسے نہ جانے کتنے ہی کیڑے اور ہوں گے جو نقصان دہ کیڑوں پر قابو رکھنے میں مدد کرتے ہوں گے۔ انھوں نے سوچا وہ گھر سے باہر جاکر انھیں تلاش کریں گے۔ مگر اُن کی خاص دلچسپی پریئنگ مینٹڈ ہی میں تھی۔ انھوں نے طے کیا کہ اگر وہ مل گیا تو وہ اُسے پالنے کی کوشش کریں گے اور پھر اس کا تماشہ اپنے دوستوں کو دکھائیں گے۔

بچوں کے لیے ایک دلچسپ تاریخی کہانی

ارطغرل

مصنف: چراغ حسن حسرت

بین الاقوامی ایڈیشن شائع ہو چکا ہے